轮台罪己——汉武帝

吉林出版集团有限责任公司

吉林文史出版社

◎ 主编　金开诚

◎ 编著　张　皓

图书在版编目（CIP）数据

轮台罪己——汉武帝 / 张皓编著. —长春 ：
吉林出版集团有限责任公司 ：吉林文史出版社，2010.11（2023.4重印）
ISBN 978-7-5463-4136-1

Ⅰ. ①轮… Ⅱ. ①张… Ⅲ. ①汉武帝（前156～前
87）-传记-通俗读物 Ⅳ. ①K827=341

中国版本图书馆CIP数据核字(2010)第222293号

轮台罪己——汉武帝

LUNTAI ZUIJI HANWUDI

主编/金开诚　编著/张　皓

项目负责/崔博华　责任编辑/崔博华　许多娇
责任校对/许多娇　装帧设计/李岩冰　刘冬梅
出版发行/吉林出版集团有限责任公司　吉林文史出版社
地址/长春市福祉大路5788号　邮编/130000
印刷/天津市天玺印务有限公司
版次/2010年11月第1版　印次/2023年4月第5次印刷
开本/660mm×915mm　1/16
印张/9　字数/30千
书号/ISBN 978-7-5463-4136-1
定价/34.80元

前 言

文化是一种社会现象，是人类物质文明和精神文明有机融合的产物；同时又是一种历史现象，是社会的历史沉积。当今世界，随着经济全球化进程的加快，人们也越来越重视本民族的文化。我们只有加强对本民族文化的继承和创新，才能更好地弘扬民族精神，增强民族凝聚力。历史经验告诉我们，任何一个民族要想屹立于世界民族之林，必须具有自尊、自信、自强的民族意识。文化是维系一个民族生存和发展的强大动力。一个民族的存在依赖文化，文化的解体就是一个民族的消亡。

随着我国综合国力的日益强大，广大民众对重塑民族自尊心和自豪感的愿望日益迫切。作为民族大家庭中的一员，将源远流长、博大精深的中国文化继承并传播给广大群众，特别是青年一代，是我们出版人义不容辞的责任。

本套丛书是由吉林文史出版社和吉林出版集团有限责任公司组织国内知名专家学者编写的一套旨在传播中华五千年优秀传统文化，提高全民文化修养的大型知识读本。该书在深入挖掘和整理中华优秀传统文化成果的同时，结合社会发展，注入了时代精神。书中优美生动的文字、简明通俗的语言、图文并茂的形式，把中国文化中的物态文化、制度文化、行为文化、精神文化等知识要点全面展示给读者。点点滴滴的文化知识仿佛颗颗繁星，组成了灿烂辉煌的中国文化的天穹。

希望本书能为弘扬中华五千年优秀传统文化、增强各民族团结、构建社会主义和谐社会尽一份绵薄之力，也坚信我们的中华民族一定能够早日实现伟大复兴！

目录

一、初试锋芒

汉武帝刘彻（前156—前87年），生于长安，幼名彘，是汉朝的第七位皇帝。汉武帝是汉景帝刘启的第十个儿子、汉文帝刘恒的孙子、汉高祖刘邦的曾孙，其母是皇后王娡。刘彻在4岁时被册立为胶东王，7岁时被册立为太子，16岁登基，在位五十四年（前141—前87年），为西汉王朝建立了辉煌的功业。曾用年号：建元、元光、元朔、元封、元狩、元鼎、元封、太

初、天汉、太始、征和、后元。谥号"孝武",后葬于茂陵。《谥法》中"威强睿德曰武",就是说汉武帝威严,坚强,睿智。他的雄才大略和文治武功使汉朝成为当时世界上最强大的国家,他也因此成为了中国历史上伟大的皇帝。

汉武帝是中国第一个使用年号的皇帝。他登基之初,继续他父亲生前推行的养生息民政策,进一步削弱诸侯的势力,颁布大臣主父偃提出的"推恩令",以法制来推动诸侯分封诸子为侯,使诸侯的封地得到缩减。同时他设立刺史监察地方。在军队和经济上则加强中央集权,将冶铁、煮盐、酿酒等民间经营的行业收归中央管理，同时禁止诸侯国铸钱，将财政权收归于中央。他采用董仲舒"罢黜百家，独尊儒术"的建议为儒学在中国文化中的特殊地位奠定了基础。不过事实上，汉武帝在宣扬儒学的同时亦采用法规和刑法来巩固政府的权威，显示皇权的地位，因此汉学家认为这更应该是以法为主、以儒为辅、内法外儒的一种体制，对广大百姓宣扬儒道以示政府的怀柔，而对政府内部又施以严酷的刑法来约束大臣。而宣儒并不等于弃法，法依然是汉武帝时期的最终裁决手段，当时积极启用的汲黯和对司马迁用宫刑即是其中典型的例子。

　　春节始于太初改历，汉武帝改正朔。汉武帝时期，卫青、霍去病三次大规模出击匈奴，封狼居胥。张骞出使西域，开辟丝绸之路，从此西域成为几大文明交汇之地。

汉武帝是我国历史上一位具有雄才大略的皇帝，他是继始皇帝后又一位杰出的、有作为的政治家。汉武帝从小就表现出他的聪明才智。他幼年的老师卫绾，是个具有多方面才能的学者，精通儒学和文学，还懂得修车驾车等技术，曾辅导过河间王刘德，使刘德成为有真才实学的学问家。大约从汉武帝7岁时，卫绾就

被任命为太子太傅，成为刘彻的老师。幼年时的刘彻很喜欢学习，对于儒学经典、骑射、文学，他都有很大的兴趣。他读到当时著名文学家枚乘的赋，非常佩服，一直很想见到枚乘本人。后来汉武帝做了皇帝，枚乘已经年老了，汉武帝为了表示尊崇他，还以最隆重的仪式，专派了安车蒲轮把他接到京城。因为汉武帝从小受到文学的熏陶，他自己的诗赋底子很好，至今还留下了很多首写得很优美的诗篇。比如有一首《秋风辞》传说是他所写的，其中的"秋风起兮白云飞，草木黄落兮雁南归。兰有秀兮菊有芳，怀佳人兮不

敢忘"就很有情致。其他还有《天马歌》
《李夫人歌》,传说都是他写的。此外,
《汉书·佞幸传》还提到汉武帝幼年时的
一位同学名叫韩嫣,曾和他一起学习《尚
书》和骑射。这都说明汉武帝幼年时受到
过良好的教育和训练。

幼年的汉武帝非常聪慧。笔记小说《汉武帝内传》说武帝小时候受到姑母长公主（皇帝的姐姐）刘嫖的喜爱，刘嫖有一次当着景帝的面问他，要不要娶她的女儿陈阿娇做妻子，小小的刘彻竟然聪明地回答："如果能娶阿娇为妻，我一定要建造一所金屋子给她住。"这使得长公主和汉景帝都十分高兴。这就是"金屋藏娇"这个成语的来历。长公主刘嫖在景帝一朝是个举足轻重的政界人物，能对弟弟景帝施加重要影响，对汉武帝后来被立为太子也起到了极为重要的作用。

前元七年（前150年），汉武帝被立为太子，这时他刚刚7岁。立太子事件本身是一场争夺激烈的政治斗争。本来，皇太子轮不到刘彻。汉景帝共有13个儿子，按照封建社会传位给嫡长子的规定，他只可能被封为王。所以刘彻4岁时被封为胶东王，他的大哥刘荣被立为皇太子。刘荣虽为长子，但并非皇后所嫡生，他母亲栗姬和汉武帝刘彻的母亲王夫人同为一般

妃嫔,栗姬不识大体,景帝很不喜欢她。长公主刘嫖便利用机会向景帝说了栗姬的坏话,景帝终于下决心废去刘荣皇太子的名位,而改立刘彻为太子。刘荣被废以后,惹起另一些刘姓诸侯王对皇位的觊觎。例如景帝的弟弟梁王刘武,就曾乘机大肆活动,企图夺得皇位继承人的位置。事情不成,刘武竟然下毒手暗杀了反对他继承皇位的几位朝廷大臣。

上述几次皇位继承的斗争,说明了当时西汉皇室内部尚存在许多矛盾,这种斗争后来在一定程度上影响了汉武帝一

代的政局和他的政策。

汉武帝在他16岁那年（前140年）即位为皇帝。因为他还比较年轻，所以实际上在他上面还有两位实权的掌握者：一位是他母亲王太后（即王美人，武帝立为太子后封为皇后），另一位是他的祖母、汉景帝的母亲窦太后。这两位太后，尤其是窦太后，在武帝一朝初期影响很大。

但是，年轻的汉武帝毕竟是锐意进取的，在刚即位的几年，即初步试图进行改革。从武帝建元元年至建元二年，从现有史籍看，汉武帝共做了下面几件事：

第一，下诏书给丞相御史列侯太守等，号召他们推荐人才，叫做"举贤良方正直言极谏之士"。结果，全国各地推举上来一百多人，其中品德优良的称为"贤良"，以文词见长的叫做"文学"。汉武帝命令这些人在长安笔试，合格者又经过汉武帝面试。这次考核得到第一名的就是大名鼎鼎的董仲舒。他的"大一统""罢黜百家，独尊儒术"的主张，就是在这次汉武帝面试对策时提出来的。第二，严格法制，要求臣下检举那些行为不轨的皇亲国戚，罪行核实后给予贬谪。为了缩小这些王侯的权限，还下令要求住在京城的王侯迁回自己的封地。第三，对百姓施行一些减轻负担的措施。如省去"转置迎送"的卫士两万人中的一万人，罢去苑马的

喂养，把苑地赐给贫民等等。此外，武帝还及时处理了景帝时吴楚七国之乱的积案，命令把那些因吴楚叛乱罪而沦为官奴者，全部给予赦免。

但是，汉武帝第一次初露锋芒的政治改革失败了。主要原因是他触犯了有权有势的皇亲国戚们的利益，这些皇亲国戚到他们的总后台窦太后那里告了状。《汉书·田蚡传》说，当时许多外戚都奉为列侯，而这些列侯又都是公主驸马，他们的势力在京城盘根错节，都不愿意到封地去，因此他们不断到窦太后那里诽谤新政，窦太后早就不满了。加上武帝建元二年（前139年），御史大夫（副宰相）赵绾又上奏给汉武帝，建议他以后不要再让窦太后干预国事，这等于取消窦太后的特权。这自然引起了窦太后的极大愤怒，在她的干预下，不仅汉武帝的新政皆被废除了，而且协助武帝改革的丞相窦婴、太尉田蚡也被罢免，御史大夫赵绾和郎中令王臧被关押后在狱中自杀。

二、唯才是举，不拘一格

从武帝建元二年（前139年）新政暂时失败，到武帝建元六年（前135年）窦太后病死的四年时间里，汉朝国家政治一直掌握在窦太后一派手中。窦太后安排她的亲信石建、庄青翟等为正、副丞相，汉武帝帝位形同虚设。但年轻有为的汉武帝并不因此俯首帖耳，而是在周围不断发现人才，培植自己的势力，等待时机，实现自己的政治抱负。例如后来成为

汉武帝一代名臣的韩长孺（安国）、汲黯、公孙弘，著名文学家司马相如、东方朔，以及在开拓东南、西南立下汗马功劳的西汉杰出谋略家唐蒙、庄助，都是汉武帝在这一时期所发现并开始委以重任的。被司马迁誉为"为人多大略，智足以当世取舍"的韩安国，在此时被武帝任命为北地都尉，后又任命为大司农，窦太后死的那年，再升为副丞相。在地方任官期间做出杰出成绩，任太守岁余而"东海（今山东郯城）大治"的汲黯，也在武帝建元六年（前135年）被任命为主管列侯的主爵都尉。司马相如早就被汉武帝所赏识，建元年间（前140年—前135年）从四川被聘请到京城长安做郎官，从事审核和润色政府重要文告的工作。建元六年，武帝又让他以天子使节的名义，出使

西南夷，抚慰那里的少数民族。唐蒙、庄
助也在建元时期降服夜郎和东瓯方面建
立了功勋。

　　武帝建元六年（前135年），窦太后病
死，汉武帝摆脱了束缚，可以完全施展自
己的抱负了。他立刻罢免了窦太后安插在

朝廷里的所有党羽亲信，重新任命曾经协助他革新的舅父田蚡为丞相，把韩安国提拔为御史大夫。

汉武帝从用人制度开始改革，他继续推行由郡国推举贤良方正的政策，为地主阶级各个阶层开辟广阔的仕途，使更多的有用之才不至于因为出身和资历的限制而被埋没。当时各地推荐或自荐上书谏言政治得失者，多至数千，武帝按其才能大小授官。自武帝建元元年（前140年）那次全国大推举之后，于远光元年（前134年）、元封五年（前106年），又几次要求郡国推举孝廉，贤良方正、茂才，他下诏书表示要将这些"有非常之功"的"非常之人"，破格任为"将相"或"使绝国者"（出使远方国家）。汉武帝以这种用人标准，破格录用了主父偃和朱买臣。主父偃出身贫寒，长期怀才不遇，游历齐、燕、赵、中山诸国，但不为各诸侯王所用，元朔元年（前128年），他下定决心来到长安，直接向汉武帝上书九条，有八条谈及律令，一条谈讨伐匈奴之事，这两件事正是汉武帝密切关心的大事。主父偃上书后，汉武帝十分赞赏他，对主父偃以及与之同时上书的徐乐、严安说："公等皆安在，何相见之晚也。"随即拜主父偃等为郎中。以后主父偃不断给汉武帝出谋划策，武帝接连提拔他，一年内升官四次。后来主父偃成为"推恩令"

政策的主要谋划者，为汉武帝中央集权的加强作出了贡献。朱买臣也出身低微，"常艾薪樵卖以给食"，也主动给武帝上书言政，借庄助之力为武帝"说春秋，言楚辞"而受到欣赏，拜为中大夫，后又因击破东越之功，升任主爵都尉，列为九卿之一。此外，武帝还从牧羊人中提拔了卜式，在奴隶中发现了大将卫青，在降虏中任用了金日磾。加上公孙弘、董仲舒、韩安国、郑当时、张骞、苏武、司马迁、司马相如、霍去病、霍光等，构成了整整一代辅佐之臣，开拓之将。

汉武帝用人制度的创新，还表现在他在董仲舒和公孙弘的建议下，在长安设立太学，选拔郡国优秀青年来长安受业，通过考试，从中发现治国之才。

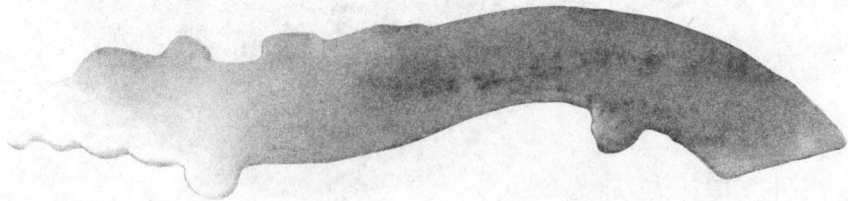

三、削弱诸侯，打击豪强

（一）削弱诸侯

汉武帝亲政之后，首先面临的是如何进一步加强中央集权、巩固封建国家统治的问题。西汉王朝建立七十多年来，虽然高祖、吕后及文帝、景帝对异姓王和同姓王采取了不断打击和削弱的政策，但郡国王侯仍然有不小的势力。

文帝时，贾谊鉴于淮南王、济北王的谋逆，曾提出"众建诸侯而少其力"的建

议。文帝在一定程度上接受了这一建议，但并没有完全解决问题。汉景帝即位后，采纳晁错的削藩建议，结果吴楚七国以武装叛乱相对抗。景帝迅速平定了叛乱，并采取一系列相应的措施，使诸侯王的势力受到很大的削弱。

但至武帝初年，一些大国仍然连城数十，地方千里，骄奢淫逸，阻众抗命，威胁着中央集权的巩固。因此，元朔二年（前127年），主父偃上书武帝，建议令诸侯推私恩分封子弟为列侯。这样，名义是上施德惠，实际上是剖分其国以削弱诸侯王的势力。这一建议既迎合了武帝巩固专制主义中央集权的需要，又避免激起诸侯王武装反抗的可能，因此立即为武帝所采纳。同年正月，武帝颁布推恩令。推恩令下达后，诸侯王的子孙多得以受封为列侯，不少王国也先后分为若干侯国。按照汉制，侯国隶属于郡，地位与县相当。因此，王国分为侯国，就是王国的缩小和朝廷直辖土地的扩大。这样，汉朝廷不行黜陟，而藩国自分。此后，王国辖地仅有数县，彻底解决了王国问题。

(二) 打击豪强

汉武帝在削弱诸侯王的同时，对不法的地方豪强也进行了打击。汉初七十年间，因为网禁疏漏，地主豪强势力得到

了很大发展，他们有的勾结诸侯王，有的结党拉帮，形成一股很不易对付的势力。《汉书·游侠列传》说：武帝即位以来，一方面是诸侯王"皆招宾客以千数"，另一方面就是这些"布衣游侠"剧孟、郭解之徒，"驰骛于闾阎，权行州域，力折公侯"。这种现象，显然不利于中央集权的统治，也危害了国家政策的进行和社会的安定。汉武帝毫不留情地对这些势力进行了严厉打击，他派出许多严于执法的官吏锄诛不法豪强。例如，王温舒任为河内太守，审讯郡中豪强，把这些盘根错节的豪强，连根锄掉，共株连千余家，"大者至族，小者乃死"，家产全部没收。经过这次打击，河内治安大有好转，"郡中无犬吠之盗"。汉武帝对号称

"游侠"的豪强势力是毫不手软的。有这样一个故事：曾经"臧命作奸""所杀甚重"的不法游侠郭解，到汉武帝徙各地豪强到长安附近的茂陵时，他通过大将军卫青说情，说他家势弱，不够迁徙的条件。汉武帝对卫青说："郭解一个普通百姓，无官无职，竟然能劳驾一个大将军给他说情，也说明他在地方上的势力了。"仍坚持把他迁徙到京。郭解到京后，仍所为不法，结交私党，终于被汉武帝诛杀，汉武帝还往全国派出一批刺史，专门检查各地方豪强的情况，限制"强宗豪雄"的不法行动。经过这些措施，地方豪强势力受到了遏制，社会上比以前安定多了。

四、罢黜百家，独尊儒术

汉武帝在政治、经济方面加强了国家统一和中央集权的同时，在思想文化方面也采取了一些积极措施，这就是通常所说的"罢黜百家，独尊儒术"。汉武帝以后，儒家思想成为我国封建社会的正统思想，一直经历近两千年而不衰。

其实，儒家思想和儒家学派的逐渐抬头，是自汉初就已经开始的。儒家虽然经过秦始皇的焚书坑儒，受到一次沉重打击, 但在秦汉之际, 他们的代表人物已日趋活跃。孔鲋积极参加陈胜、吴广的反秦斗争, 陆贾为刘邦献马下治国策, 叔孙通为西汉王朝制定成套的礼仪, 都说明这种思想学派对封建统治的确有利, 可以成为巩固其统治的工具。

到汉武帝即位初年, 儒家学派实际上已经成为社会上一股重要的政治力量。年轻的汉武帝初试锋芒的改革, 就是在儒家人物窦婴、田蚡和王臧等人的协助策划下进行的。但是一方面由于汉武帝还十分年轻 (年方十六七岁), 太皇太后窦氏还是执掌大局的实权派; 另一方面, 当时黄老无为的道家学派尚有很大势力, 后来谋叛反对汉武帝的淮南王刘安就是一个黄老学派的代表人物, 他网罗了一批门客, 集体编著了一部集黄老无为和孔、墨、申、韩大成的《淮南鸿

烈》，大力提倡阴阳之学和道家之术，以作为和汉武帝进行政治争论的舆论工具。此时，窦太后是站在黄老派一边的，她十分不满意于汉武帝利用儒家人物进行革新，因此把汉武帝周围主张改革的儒家人物全部黜退。但是，当窦太后死后，汉武帝又全部将这些儒家起用，着手建立大一统宏伟帝国的赫赫大业。

儒家思想和儒家学派在汉武帝时期独成一尊，是有深刻的社会历史原因的，同时也由于儒家学术具有它自己有利的为其他学派所不及的条件。经过汉初七十年的恢复，经济得到了较大的发展，国力富强了，统治者的欲望也增强了。因此汉朝高、惠、文、景时期那种"无为而治"的思想已经不符合最高统治阶

级的要求，他们需要一种积极进取的统
治思想来代替黄老无为思想。同时，西汉
王朝发展到汉武帝时，经过景帝评定七
国之乱后，王国势力受到了极大的削弱，
所以使大力提高中央皇权具备了基本的
条件。这两点都是儒家思想所具备的。
另外，从儒家思想本身来讲，它的博大精
深，含有政治、哲学、文学、教育、伦理等
方面丰富内容的包罗万象的特点和以"仁
政"为核心的政治观和道德观，也使它便

于被封建统治者所全面利用，尤其是作为一种控制人民的思想观念，比其他各家思想都更有适应性。

汉武帝时期"罢黜百家，独尊儒术"文化思想的代表人物为董仲舒，他既是当时儒派的领袖，又是提出"独尊儒术"的发起者。《汉书·董仲舒传》说："自武帝出立，魏其（指魏其侯窦婴）武安（指武安侯田蚡）侯为相而隆儒矣。及仲舒对策，退命孔子，抑黜百家，立学校之官，州

郡举茂材孝廉，皆自仲舒发之。"

董仲舒受到汉武帝的很大推崇，自建元元年（前140年）贤良对策为武帝所欣赏后，他被武帝派到江都易王刘非那里当国相，以后又一度被公孙弘推举为胶西王刘端的国相，58岁以后，居家著作，但朝廷还不断派人向他请教，"朝廷如有大议，使使者及廷尉张汤，就其家而问之"（《汉书·董仲舒传》）。张汤是汉武帝特别重用的司法官，后来张汤把询问董仲舒的部分材料，整理成为《春秋决狱》一书。可见，老年的董仲舒，实际上仍然是西汉王朝政治上的重要顾问。董仲舒于汉武帝太初元年（前104年）病故，汉武帝有一次经过他的墓地，还专门下马，对这位知名的大儒表示敬意，后来把他的墓叫做"下马陵"，这些都体现出汉武帝对董仲舒的尊重。

汉武帝和董仲舒的"罢黜百家，独尊儒术"思想的主要内容是什么呢？

第一，独尊儒术，统一思想。这一点是窦婴、田蚡于汉武帝初即位协助改革时就提出来的主张，当时由丞相卫绾出面提出："所举贤良，或治申、商、韩非、苏秦、张仪之言，乱国政，请皆罢。"就是说，除儒家外，法家纵横家首先归入罢黜之列。其后窦婴、田蚡等又提出"务隆推儒术，贬道家言"，把道家也贬入罢黜的行列。同时，董仲舒对于贤良对策的第三策中，比较更系统的"抑黜百家，独尊儒术"的主张，他认为"师异道，人异论，百家殊方"，决不利于政治的统一，"陈愚抑为诸不在六艺之科孔子之术者，皆绝其道，勿使并

进。邪辟之说灭息，然后统纪可一而法度可明，民知所从矣"。这时董仲舒把孔子"六艺"之外的各家，皆一概贬为"邪辟之说"，建议"皆绝其道"，这样就可以使法纪统一，人民统一在儒家思想中，所以汉武帝"独尊儒术"的最主要目的是配合政治上的统一而追求思想上的统一。

第二，尊崇孔子的儒术，为了证明天子至尊，为"强干弱枝"寻找理论上的根据。董仲舒在《春秋繁露·王道》中说："又天子在，诸侯不得专地，不得专封，不得专执……不得致天子之赋，不得适天子之贵。"这就从理论上论证了诸侯必须完全受皇帝的支配，不得自尊自专，董仲舒认为春秋大一统思想，是"天地之常经，古今之通谊也"。

因此，"尊儒"学说另一要点便在于"立义以明尊卑之分，强干弱枝以明大小之职"。这是完全为汉武帝的政治上大一统和加强中央集权作舆论宣传的。

第三，提倡儒家的仁政。在董仲舒的对策中，提出了许多缓和阶级矛盾的措施。儒家反对用严刑对待人民，严厉谴责法家任刑而不尚德造成的"刑者甚众，死者相望，而奸不息"。董仲舒还提出了"薄赋敛，省徭役，以宽民力""限民名田"以"塞并兼之路"来防止过分贫富分化，避免出现"富者田连阡陌，贫者无立锥之地"的现象。儒家代表董仲舒的这些主张，是从封建统治者长远利益提出来的改革方案，清醒的封建政治家是会看到这一点的。锐意进取的，希望能使西汉王朝长治久安的汉武帝，选中儒

家作为封建统治的正统思想,也是很自然的。

另外,在全国范围内推行儒学教育体制,用儒家思想来培养封建地主阶级的接班人,也是"独尊儒术"的内容之一。元朔五年(前124年),汉武帝接受董仲舒、公孙弘等人建议,兴办了我国历史上第一所正式的大学——太学,第一批置博士底子(太学学生)五十人。这所大学全用儒家吴京作为课程,教师全部聘请精通儒学的博士担任,武帝时始设七人,

到宣帝时增加到十四人。到西汉末年，太学学生增加到一万人，东汉末，更增加至三万人左右。这批完全用儒家思想培养起来的人才，成为封建专制主义中央集权最得力的维护者，除中央兴办太学外，汉武帝还提倡在郡国兴办地方学校。

综上所述，可以看出汉武帝"罢黜百家，独尊儒术"，实为社会历史发展之必然，是为了封建统治者长远利益的需要，汉武帝的这一文化教育政策，与他的经济政治集权政策，完全是一致的。

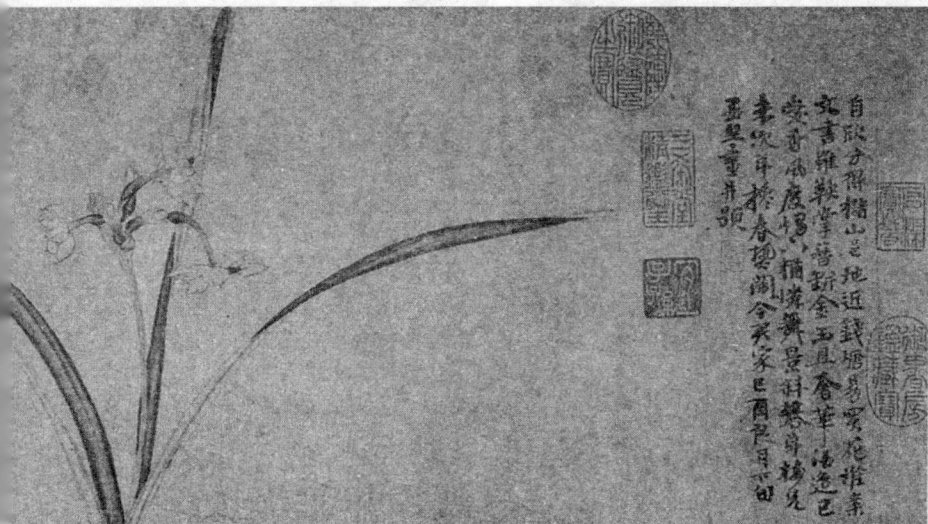

五、巩固和发展多民族的统一国家

汉武帝的雄才大略, 更为重要的表现是他在巩固和发展我国多民族统一国家方面所作出的贡献。在他统治的五十四年里, 他平定了闽越和南越的叛乱, 加强了对西南夷地区的统治, 开拓了东北和西北的疆土, 使今新疆和甘肃西部纳入祖国的版图, 东北地区的疆域则从今辽东半岛一直扩大到浑江、鸭绿江流域。汉武帝还对北方强悍的匈奴奴隶主贵族进行了反击战争,解除了北方游牧民族对汉王朝的巨大威胁,保证了山西、河北一带农业生产的正常进行。

（一）北击匈奴

公元前3世纪的战国时期,在我国北方的大草原上兴起了一个游牧民族——匈奴。秦末汉初,即匈奴冒顿单于、老上单于、军臣单于统治时期（前209—前128年）,匈奴势力达到极盛,统治着东到大兴安岭,西到祁连山、天山,北到贝加尔湖,南到河套的广大地区。匈奴贵族为了掠夺财物和奴隶,经常南下骚扰中原王朝的北部边疆。

西汉初年，汉王朝由于经济力量尚未恢复起来，而且内部不够稳定，从刘邦在位时期到汉武帝初年，一直对匈奴实施和亲政策，每年送给匈奴大量的礼物和金钱。但是，和亲政策并没能阻挡匈奴贵族的侵扰，北部边疆的生产时常遭到破坏，无数汉族人民被掳走或杀死。汉武帝即位后，专制集权空前强化，社会经济有了很大发展，军事实力也得到加强。汉武帝决定改变和亲政策，发动了全面反击匈奴的大规模战争。

公元前129年，匈奴又一次兴兵南下，前锋直指上谷（今河北省怀来）。汉武帝果断地任命卫青为车骑将军，迎击匈奴。这次用兵，汉武帝分派四路出击。车骑将军卫青直出上谷，骑将军公孙敖从代郡（今河北蔚县东北）出兵，轻车将军

公孙贺从云中（今内蒙古托克托东北）出兵，骁骑将军李广从雁门出兵。四路将领各率一万骑兵。卫青虽是首次出征，但他英勇善战，直捣龙城（匈奴祭扫天地祖先的地方），斩首七百人，取得胜利。另外三路，两路失败，一路无功而还。汉武帝看到只有卫青胜利凯旋，大家赞赏，加封其为关内侯。

汉朝对匈奴的反击，使得匈奴的进犯更加猖狂了。公元前128年的秋天，匈奴骑兵大举南下，先攻破辽西，杀死了辽西太守，又打败渔阳守将韩安国，劫掠百姓两千多人。汉武帝派匈奴人敬畏的飞将军李广镇守右北平（今辽宁省凌源西南），匈奴兵则避开李广，而从雁门关入塞，进攻汉朝北部边郡。汉武帝又派卫青出征，并派李息从代郡出兵，从背后袭击匈奴。卫青率三万骑兵，长驱而进，赶往前线。卫青本人身先士卒，将士们更是奋

勇争先。斩杀、俘获敌人数千名，匈奴大
败而逃。

公元前127年，匈奴贵族集结大量
兵力，进攻上谷、渔阳。武帝决定避实击
虚，派卫青率领大军进攻长期被匈奴盘
踞的河南地（黄河河套地区）。这是西汉
对匈奴的第一次大战役。卫青率领四万
大军从云中出发，采
用"迂回侧击"的战
术，绕到匈奴军的后
方，迅速攻占高阙（今
内蒙古杭锦后旗），切
断了驻守河南地的匈
奴白羊王、楼烦王同
单于王庭的联系。然
后，卫青又率领精骑，
飞兵南下，进到陇西，
形成了对白羊王、楼
烦王的包围之势。匈
奴白羊王、楼烦王见

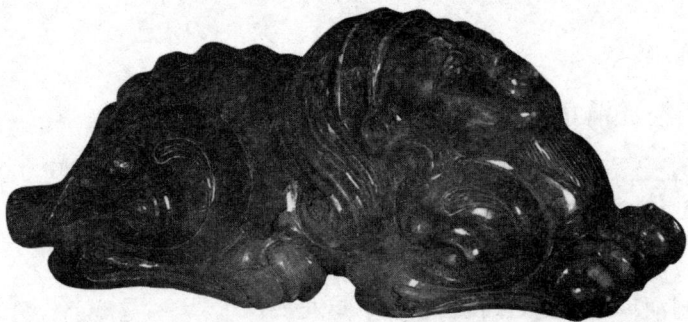

势不好，仓皇率兵逃走。汉军活捉敌兵数千人，夺取牲畜一百多万头，完全控制了河套地区。因为这一带水草肥美，地势险要，汉武帝在此修筑朔方城（今内蒙古杭锦旗西北），设置朔方郡、五原郡，从内地迁徙十万人到那里定居，还修复了秦时蒙恬所筑的边塞和沿河的防御工事。这样，不但解除了匈奴骑兵对长安的直接威胁，也建立起了进一步反击匈奴的前方基地。

匈奴贵族不甘心在河南地的失败，一心想把朔方重新夺回去，在几年内多次出兵，但都被汉军挡了回去。公元前124

年春，汉武帝命卫青率三万骑兵从高阙
出发；苏建、李沮、公孙贺、李蔡都受卫
青的节制，率兵从朔方出发；李息、张次
公率兵由北平出发。这次总兵力有十几
万人。匈奴右贤王认为汉军离得很远，一
时不可能来到，便放松了警惕。卫青率领
汉军急行军六七百里，趁着黑夜包围了右
贤王的营帐。这时，右贤王正在帐中拥着
美妾，畅饮美酒，已经醉意浓浓了。忽听
帐外杀声震天，火光遍野，右贤王惊慌失
措，忙把美妾抱上马，带了几百壮骑，突出
重围，向北逃去。汉军轻骑校尉郭成等领
兵追赶数百里没有追上，却俘虏了右贤王

等小王十余人，男女一万五千余人，牲畜几百万头。汉军大获全胜，高奏凯歌，收兵回朝。

经过几次打击，匈奴依然猖獗。入代地，攻雁门，劫掠定襄（今内蒙古和林格尔）、上郡（今陕西绥德东南）。公元前123年农历二月，汉武帝又命卫青攻打匈奴。公孙敖为中将军，公孙贺为左将军，赵信为前将军，苏建为右将军，李广为后将军，李沮为强弩将军，分领六路大军，统归大将军卫青指挥，浩浩荡荡，从定襄出发，北进数百里，歼灭匈奴军数千名。这次战役中，卫青的外甥霍去病率八百

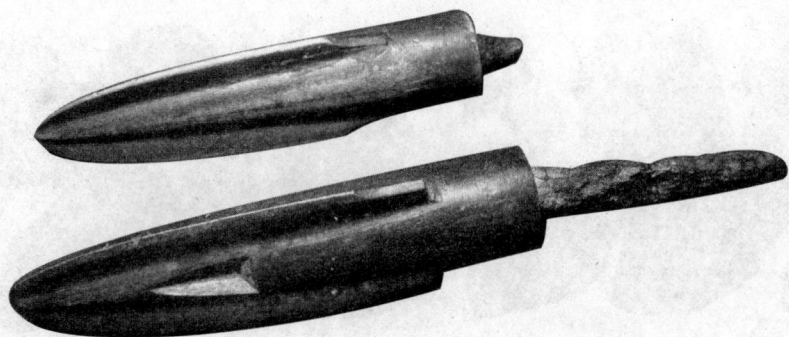

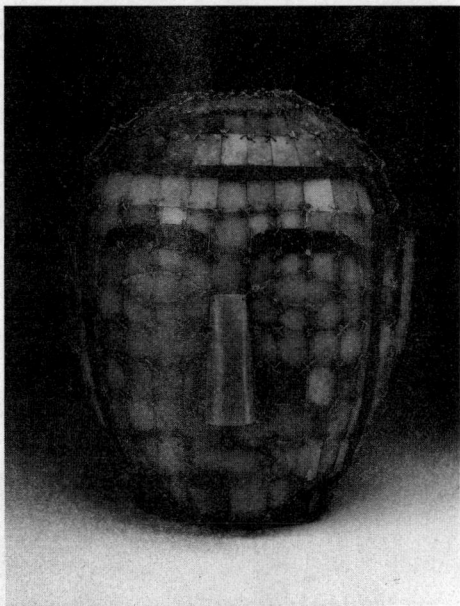

精骑首次参战，取得了歼敌两千余人的辉煌战果。战后全军返回定襄休整，一个月后再次出塞，斩获匈奴士兵一万多名。但是，右将军苏建和前将军赵信与匈奴打了一场遭遇战，汉军死伤惨重，苏建突围逃回，赵信原本便是匈奴降将，兵败后又投降了匈奴。

公元前121年，西汉对匈奴的第二次大战役开始，霍去病担任指挥，战后汉朝完全控制了河西地区，切断了匈奴与羌人的联系。为了彻底击溃匈奴主力，汉武帝调集全国的财力、物力，准备发动对匈奴的第三次大战役。公元前119年春，汉武帝召集诸将开会，商讨进军方略。他说："匈奴单于采纳赵信的建议，远走沙漠以北，认为我们汉军不能穿越沙漠，即使穿越，也不敢多作停留。这次我们要发起强大的攻势，达到我们的目的。"于是汉武帝亲自挑选了十万匹精壮的战马，由大将军卫青、骠骑将军霍去病各率领精锐骑兵五万人，分作东西两路，远征漠北。为解决粮草供应问题，汉武帝又动员了私人马匹四万多，步兵十余万人负责运输粮草辎重，紧跟在大军之后。

　　原计划远征大军从定襄北上，由霍
去病率骁勇善战的将士专力对付匈奴单
于。后来从俘获的匈奴兵口中得知匈奴
伊稚斜单于远在东方，于是汉军重新调
整战斗序列。汉武帝命霍去病从东方的
代郡出塞，卫青从定襄出塞。卫青大军
北行一千多里，跨越大沙漠，与严阵以待

的匈奴军相遇了。卫青临危不惧，命令部队用武刚车（铁甲兵车）迅速环绕成一个坚固的阵地，然后派出五千骑兵向敌阵冲击。匈奴出动一万多骑兵迎战。双方展开激战，非常惨烈。黄昏时分，忽然刮起暴风，尘土滚滚，沙砾扑面，顿时一片黑暗，两方军队互相不能分辨。卫青乘机派出两支生力军，从左右两翼迂回到单于背后，包围了单于的大营。伊稚斜单于发现汉军数量众多，而且人壮马肥、士气高

昂，大为震动，料知很难取胜，就慌忙跨上马，在数行精骑的保护下奋力突围，向西北方向飞奔而去。

这时，夜幕已经降临，战场上双方将士仍在喋血搏斗，喊杀声惊天动地。卫青得知伊稚斜单于已突围逃走，马上派出轻骑兵追击。匈奴兵得知单于已经出逃，军心大乱，四散逃命。卫青率大军乘夜挺进。天亮时，汉军已追出二百多里，虽然没有找到单于的踪迹，却斩杀并俘虏匈奴官兵一万九千多人。卫青大军一直前进到真颜山赵信城（今蒙古乌兰巴托市西），获得了匈奴囤积的粮草，补充军用。他们在此停留了一天。然后烧毁赵信城及剩余的粮食，胜利班师。霍去病率领的东路军，北进两千多里，与匈奴左贤王的军队遭遇。经过激战，俘获了匈奴三个小王以及将军、相国、当户、都尉等八十三人，消灭匈奴七万多人。左贤王败逃而去。这次战役，汉军打垮了匈奴的主力，使匈奴元气大伤。从此以后，匈奴逐渐向西北迁徙，出现了"漠南无王庭"的局面，匈奴对汉朝的军事威胁基本上解除了。

（二）南征闽越

　　西汉时期的闽越，包括今天的福建和浙江一带，这一地区从秦始皇时期就已经是中央王朝的一部分。秦末农民战争期间，其地又出现了以温州为中心的东瓯和以福建为中心的闽越国两股割据势力。闽越国实力雄厚，"甲卒不下数十万"。闽越王凭借自己的实力，根本不把西汉王朝放在眼里，并且还经常派兵向西汉政府挑衅，或焚烧汉军的楼船，或用兵在汉境骚扰。"吴楚七国之乱"被

平定后，闽越王让吴王刘濞的儿子到他那里避难，企图共同蓄谋反汉。闽越王还不断出兵向北边的东瓯和南边的南越进攻。这些活动不仅严重影响着西汉王朝在全国的统治，而且给人民带来了许多战乱之苦。汉武帝决心消除这一祸患。

汉武帝和闽越的交锋前后一共有三次：一次在汉武帝建元三年（前138年），闽越派兵攻打东瓯，东瓯君向西汉王朝求援。汉武帝这时刚刚即位两年，年方19岁，但他毅然决定帮助东瓯，解除闽越的威胁，派出了严助（即庄助）带领会稽（今江苏苏州）郡兵从海上救援东瓯。结果闽越退了兵，东瓯王带着四万军民迁到江淮之间地区。第二次是在汉武帝建元六年（前135年），闽越又出兵进攻南越，汉武帝派出王恢和韩安国两路大军支援南越，东进闽越。由于闽越内部政变，闽越王的弟弟余善杀死了国王，向汉将王恢表示归降，汉武帝才下令罢兵。第三次是在汉武帝元鼎六年（前111年），闽越王余善又一次起兵直接向汉王朝进攻，把进攻汉兵的大将号为"吞汉将军"，并自行刻成玉玺，准备称帝，与西汉王朝分庭抗礼。汉武帝派了大将韩说、杨仆、王温舒、朱买臣等五路水陆大军南进闽越。汉军势如破竹，在大军压境的情况下，闽越内部又一次严重内讧，部将杀死余善投降。汉武帝平息了这次叛乱后，为防止后患，把闽越的贵族臣民统统迁徙到江淮之间。此后闽越地区一直较为安定，生产得到较快发展。

（三）征服南越

汉武帝平定南越的战争，发生在汉
武帝元鼎五年（前112年）。汉初，南越王
赵佗和汉高祖刘邦关系很好，汉武帝又

帮助赵佗解除了闽越进攻的威胁，使之更加感恩戴德，甚至把自己的儿子赵婴齐送到长安做汉武帝的侍从。但是后来南越统治内部发生了矛盾，丞相吕嘉势力逐渐强大，与南越王太后发生争执，甚至在朝廷中动武，吕嘉逃出。几个月后吕嘉发

动政变，杀掉南越王和王太后，同时也杀死了汉朝派去的使节，公开叛乱。汉武帝派遣了十多万军队分五路进攻南越，在汉武帝元鼎六年（前111年），攻下了番禺（今广东广州）。这时汉武帝本人正在山西黄河巡视，听到这个消息十分高兴，立刻把该地改名闻喜，后来走到河南汲县（今汲县西南）西，又听到吕嘉被俘获的消息，便又把当地叫做获嘉，这就是今天山西闻喜县和河南获嘉县名称的由来。南越平定以后，汉武帝在该地区建立了九郡，其中六个郡在今广东、广西境内，三个郡在今越南北部。

（四）平定西南夷

西南夷是指今天甘肃南部、四川西部和南部、贵州北部和西部以及云南和西藏昌都一带地区。西汉时候，这一地区有许多少数民族建立的小国，较大的

有今贵州北部一带的夜郎及今云南昆明
一带的滇等。汉武帝时陆续把这些地区
归入西南版图。汉武帝建元六年（前135
年）左右，由唐蒙带领一千人进入夜郎，
建犍为郡，元封二年（前109年）汉武帝
派兵入滇，迫使滇王请降，在其地置益州
郡。从此云贵地区正式成为中央王朝的
郡县。其后，汉武帝又继续把西南夷地区
全部归入西汉版图，在那里新置了牂柯
等六郡。

（五）设立汉四郡

公元前109年，汉武帝派兵由水陆两
路进攻，消灭了盘踞在朝鲜半岛北部的
卫氏朝鲜。公元前108年，汉武帝统一其
旧域后，在那里划分地方行政区域，设置
了乐浪郡、玄菟郡、真番郡、临屯郡，史称
"汉四郡"。四郡其下各辖若干县，郡县
长官由汉朝中央派遣汉人担任。很显然，

"汉四郡"的设置,说明汉武帝已经将朝鲜半岛北部地区纳入了自己的统治范围。

(六) 张骞出使西域

西汉时期,狭义的西域是指玉门关、阳关(今甘肃敦煌西)以西,葱岭以东,昆仑山以北,巴尔喀什湖以南,即汉代西域都护府的辖地。广义的西域还包括葱岭以西的中亚细亚、罗马帝国等地,包括今阿富汗、伊朗、乌兹别克,至地中海沿岸

一带。

　　西域以天山为界分为南北两个部分, 百姓大都居住在塔里木盆地周围。西汉初年, 有"三十六国": 南缘有楼兰(鄯善, 在罗布泊附近)、菇羌、且末、于阗(今和田)、莎车等, 习称"南道诸国"; 北缘有姑师(后分前、后车师, 在今吐鲁番)、尉犁、焉耆、龟兹(今库车)、温宿、姑墨(今阿克苏)、疏勒(今喀什)等, 习称"北道诸国"。此外, 天山北麓有前、后蒲额和东、西且弥等。它们面积不大, 多数是沙漠绿洲, 也有山谷或盆地。人口不多, 一般两三万人, 最大的龟兹是八万人, 小的只有一两千人, 居民从事农业和畜牧业。除生产谷物以外, 有的地方还盛产葡萄等水果和最好的饲草苜蓿。畜牧业有驴、马、骆驼。此外, 还有玉石、铜、铁等矿产, 有的

地方居民已懂得用铜铁铸造兵器。天山南北各国，虽然很小，但大都有城郭。各国国王以下设有官职和占人口比重很大的军队。公元前二世纪，张骞出使西域以前，匈奴贵族势力伸展到西域，在焉耆等国设有僮仆都尉，向各国征收繁重的赋税，"赋税诸国，取畜给焉"，对这些小国

进行奴役和剥削。

　　当时，正在伊犁河流域游牧的大月氏，是一个著名的"行国"，有四十万人口。他们曾居住在敦煌和祁连山之间，被匈奴一再打败后，刚迁到这里不久。匈奴杀月氏王，"以其头为饮器"。因此，大月氏与匈奴是"世敌"。

汉朝日趋强盛后，计划积极地消除匈奴贵族对北方的威胁。武帝听到有关大月氏的传言，就想与大月氏建立联合关系，又考虑西行的必经道路——河西走廊还处在匈奴的控制之下，于是公开征募能担当出使重任的人才。

建元三年（前138年），张骞"以郎应募，使月氏"。"郎"是皇帝的侍从官，没有固定职务，随时可能被选授重任。

张骞，汉中成固人。他是一个意志力坚定、办事灵活而又胸怀坦荡的人。他出使中途即被匈奴截留下来，在匈奴十多年，始终保持着汉朝的特使符节，匈奴单于强迫他娶当地人作妻、生了儿子，但这也没有动摇他完成使命的决心。他住在匈奴的西境，等候机会。张骞终于找到机会率领部属逃离了匈奴。他们向西急行几十天，越过葱岭，到了大宛。

由大宛介绍，又通过康居，到了大夏，张

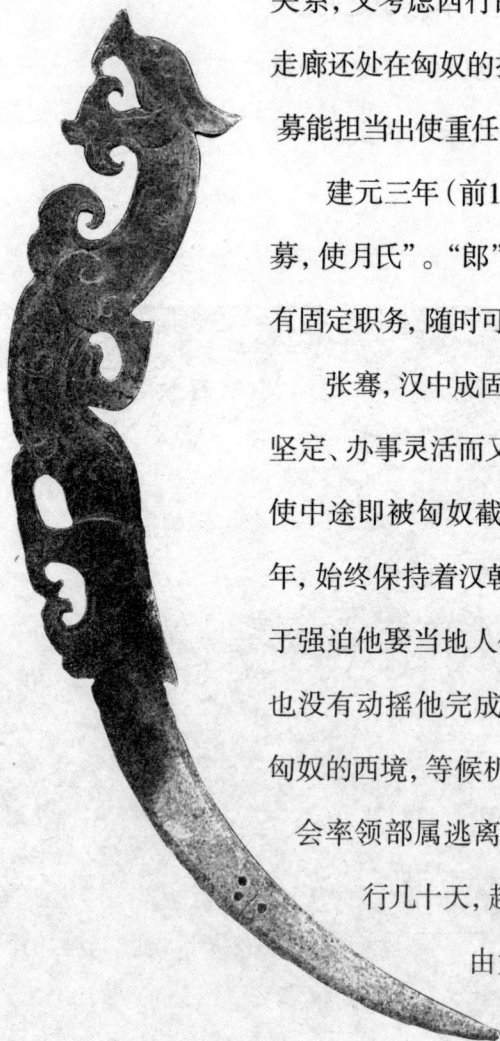

骞这才找到了大月氏。十多年来，大月氏这个"行国"已发生了很大变化：一是在伊犁河畔受到乌孙的攻击，又一次向西远徙。乌孙共有六十三万人，也是个"行国"，曾在敦煌一带游牧，受过大月氏的攻击。后来匈奴支持乌孙远袭大月氏，大月氏被迫迁到阿姆河畔，而乌孙却在伊犁河留住下来。自从大月氏到了阿姆河，不仅用武力臣服了大夏，还由于这里土地肥沃，逐渐由游牧生活，改向农业定居，无意东还，再与匈奴为敌。张骞在大月氏逗留了一年多，得不到结果，只好归国。回国途中，又被匈奴拘禁一年多。公元前126年，匈奴内乱，张骞趁机脱身回到长安。

张骞出使时带着一百多人，历经十三年后，只剩下他和堂邑父两个人回来。这次出使，虽然没有达到原来的目的，但对于西域的地理、物产、风俗习惯

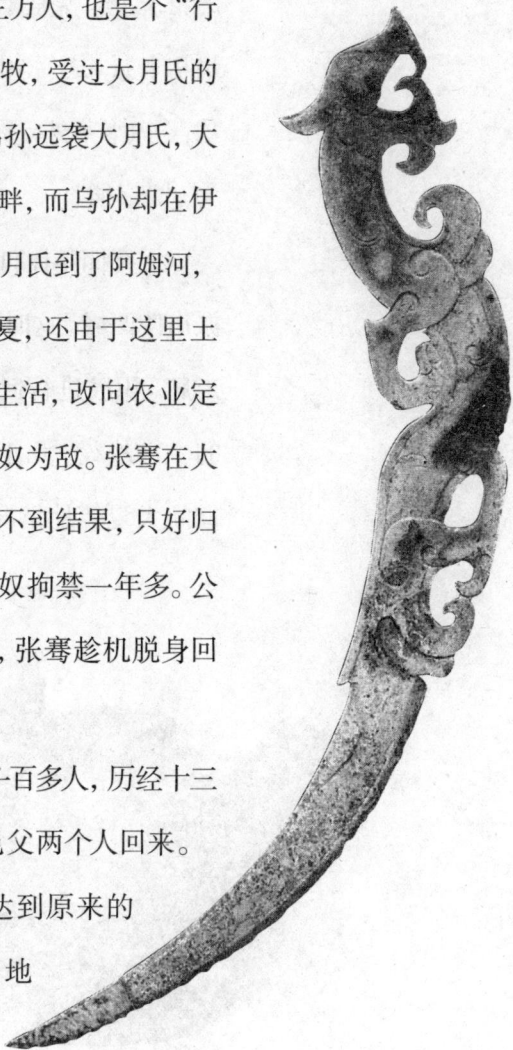

有了比较详细的了解，为汉朝开辟通往中亚的交通要道提供了宝贵的资料。

张骞回来以后，向武帝报告了西域的情况。这就是《汉书·西域传》资料的最初来源。之后，由于张骞随卫青出征立功，"知水草处，军得以不乏"，被武帝封为"博望侯"。

元狩四年(前119年)，张骞第二次奉派出使西域。这时，汉朝业已控制了河西走廊、积极进行武帝时对匈奴最大规模的一次战役。几年来汉武帝多次向张骞询问大夏等地情况，张骞着重介绍了乌

孙到伊犁河畔后已经与匈奴发生矛盾的
具体情况，建议招乌孙东返敦煌一带，跟
汉共同抵抗匈奴。这就是"断匈奴右臂"
的著名战略。同时，张骞也着重提出应该
与西域各族加强友好往来。这些意见得
到了汉武帝的采纳。

张骞率领三百人组成的使团，每人备
两匹马，带牛羊万头，金帛货物价值"数
千巨万"，来到乌孙，游说乌孙王东返，
没有成功。他又分遣副使持节到了大宛、
康居、月氏、大夏等国。元鼎二年(前115
年)张骞回来，乌孙派使者几十人随同张

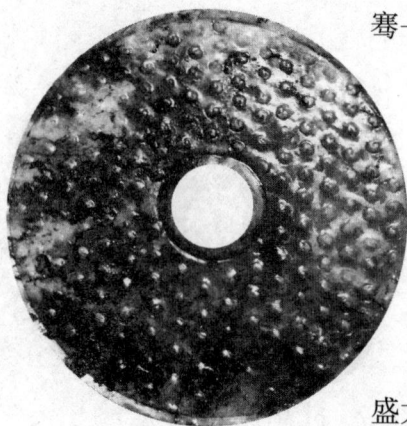

骞一起到了长安。此后,汉朝派出的使者还到过安息(波斯)、身毒(印度)、奄蔡(在咸海与里海间)、条支(安息属国)、犁轩(附属大秦的埃及亚历山大城),中国使者还受到安息专门组织的两万人的盛大欢迎。安息等国的使者也不断来长安访问。从此,汉与西域的交通开始建立起来。

元鼎二年(前115年),张骞回到汉朝后,拜为大行令,第二年死去。他死后,汉同西域的关系进一步发展。元封六年(前105年),乌孙王以良马千匹为聘礼向汉请求和亲,武帝把江都公主细君嫁给乌孙王。细君死后,汉又将楚王戊孙女解忧公主嫁给乌孙王。解忧公主的侍者冯嫽深知诗文事理,作为公主使者常持汉节赏赐诸国,深得尊敬和信任,被称为冯夫人。她的活动,巩固和发展了汉同乌孙的关系。神爵三年(前60年),匈奴内部分裂,日逐王先贤掸率人降汉，匈奴对西域的控制瓦解。汉宣帝任命卫司马郑吉为西域都护，驻守在乌垒城(今新疆轮台东)，这是汉朝在葱岭以东(今巴尔喀什湖以南)的广大地区正式设置行政机构的开端。

匈奴奴隶主对西域各族人民的剥削、压迫是极其残酷的。西汉的封建制度较之匈奴的奴隶制度要先进得多。因此，新疆境内的各族人民都希望摆脱匈奴贵族的压迫，接受西汉的统治。西汉政府在那里设置常驻的官员，派去士卒屯田，并设校尉统领，保护屯田，使汉族人民同新疆各族人民的交往更加密切了。

汉通西域，虽然起初是出于军事目的，但西域开通以后，它的影响远远

超出了军事范围。从西汉的敦煌，出玉门关，进入新疆，从新疆连接中亚的一条横贯东西的通道，再次畅通无阻。这条通道就是后世闻名的"丝绸之路"。"丝绸之路"把西汉同中亚许多国家联系起来，促进了它们之间的经济和文化的交流。由于我国历代封建中央政府都称边疆少数民族为"夷"，所以张骞出使西域成为汉夷之间的第一次文化交融。西域的核桃、葡萄、石榴、蚕豆及苜蓿等十几种植物，逐渐在中原得到栽培。龟兹的乐

曲和胡琴等乐器传入中原后，丰富了汉族
人民的文化生活。汉军在鄯善、车师等地
屯田时使用穿井术打造的地下相通的井，
习称"坎儿井"，在当地逐渐推广。此外，
大宛的汗血宝马在汉代非常著名，名曰
"天马"，"使者相望于道以求之"。那时
大宛以西到安息国都不产丝，也不懂得
铸铁技术，后来汉朝的使臣和散兵把这
些技术传了过去。中国蚕丝和冶铁术的西
进，对促进人类文明的发展做出了巨大
贡献。

六、巫蛊之祸

巫蛊之祸是汉武帝末年封建统治集团内部发生的重大政治事件，皇后卫子夫、太子刘据、诸邑公主与阳石公主和数位大臣皆死于巫蛊之祸。巫蛊为一种巫术。当时人们认为使巫师祠祭或以桐木偶人埋于地下，诅咒所怨者，被诅咒者即有灾难。征和二年（前91年），丞相公孙贺之子公孙敬声被人告发为巫蛊咒武帝，与阳石公主通奸，贺父子下狱死，诸

邑、阳石公主皆坐诛。武帝命宠臣江充为使者治巫蛊，江充与太子有隙，遂陷害太子，并与案道侯韩说、宦官苏文等四人查，太子自杀，卫后亦自杀。久之，巫蛊事多不信。田千秋等上书讼太子冤，武帝乃夷江充三族。又做"思子宫"，于太子被害处作"归来望思之台"，以志哀思。

汉武帝晚年十分奢侈，常常大兴土木，国库因此空虚。他还喜好任用酷吏，加重刑罚，也因此杀人无数。太子刘据则经常劝他与民休息，尽量减轻老百姓的负担，实行宽厚仁德的政策。导致汉武帝逐渐对刘据产生了不满和怨恨。

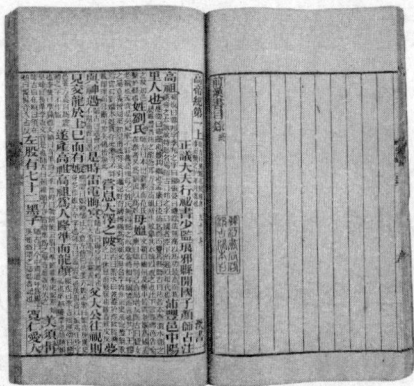

除太子刘据外，汉武帝还

有五个儿子。在这六个儿子里面，汉武帝
最喜欢的是小儿子刘弗陵。汉武帝经常
夸赞刘弗陵与自己最像，刘据太子的地位
因此岌岌可危。

　　汉代巫蛊术十分盛行。这种巫蛊术，
也传进了皇宫。那些怨恨皇帝、皇后和其

他人的美人、宫女，也纷纷埋藏木头人，偷偷地诅咒起来。汉武帝对这些很迷信。一天中午，他正在睡觉，忽然梦见几千个手持棍棒的木头人朝他打来，他猛然惊醒，以为有人在诅咒他，立即派江充去追查。江充是一个心狠手辣的人，他找了不少心腹，到处发掘木头人，并且还用烧红了的铁器钳人、烙人，强迫人们招供。不管是谁，只要被江充扣上"诅咒皇帝"的罪名，都不能活命。没过几天，他就诛杀了上万人。

在这场惨案中，丞相公孙贺一家，还有阳石公主、诸邑公主等人，都被汉武帝斩杀了。江充见汉武帝居然可以对自己的亲生女儿下毒手，就更加放心大胆地查办起来。他让巫师对汉武帝说："皇宫里有人诅咒皇上，蛊气很重，若不把那些木头人挖出来，皇上的病就好不了。"于是，汉武帝就委派江充带着一大批人到皇宫里发掘木头人。他们先从跟汉武帝疏远的后宫开始，一直搜查到卫皇后和太子刘据的住室，屋里屋外都给掘遍了，都没找到一块木头。

为了陷害太子刘据，江充趁别人不注意，把事先准备好的木头人拿出来，大肆宣扬说："在太子宫里挖掘出来的木头人最多，还发现了太子书写的帛书，上面写着诅咒皇上的话。我们应该马上奏明皇上，办他的死罪。"刘据见江充故意陷害自己，打算亲自到甘泉宫去奏明皇上，希望能得到皇上的赦免。而江充害怕刘据向汉武帝揭发自己的阴谋，赶紧派人拦下刘据的车马，说什么也不放他走。刘据被逼得走投无路，只好让一个心腹装扮成汉武帝派来的使者，把江充等人监押起来。

刘据指着江充骂道："你这个奸臣，居然想挑拨我们父子的关系？"说完，刘据就借口江充谋反，命武士将他斩首示众。太子刘据为预防不测，急忙派人通报

给卫皇后，调集军队来保卫皇宫。而这时，宦官苏文等人逃了出去，报告汉武帝说是太子刘据起兵造反。汉武帝信以为真，马上下了一道诏书，下令捉拿太子。

事到临头，刘据只好打开武库，把京城里的囚犯武装起来，抵抗前来镇压"造反"的军队。并想调集胡人军团与北军，结果胡人军团被汉武帝调集镇压太子叛乱，北军监护使者任安受了太子的印后闭门不出。太子还向城里的文武百官宣布："皇上在甘泉宫养病，有奸臣起来作乱。"结果弄得城里的官民也不知道究竟是谁在造反，就更加混乱起来。

双方在城里混战了四五天，死伤无数，大街上到处都是尸体和血污。结果，刘据被打败，只好带着他的两个儿子逃往南门，守门官田仁放太子逃出长安，最后跑到湖县（今河南灵宝西）的一个普通百姓家里躲藏起来。

不久，新安（今河南渑池东）县令李寿查到了太子的下落，就带领人马前来捉拿。刘据无处可逃，只好在门上拴了一条

绳子，上吊而死。他的两个儿子和那一家的主人，也被李寿手下的张富昌等人杀死了。此时在宫中的卫皇后也已自尽身亡。

后来，汉武帝派人调查此事，才知道卫皇后和太子刘据从来没有埋过木头人，这一切都是江充搞的鬼。在这场祸乱中，他死了一个儿子和两个孙子，即悲伤又后悔。于是，他就下令灭了江充的宗族，宦官苏文被活活烧死。其他参与此事的大臣也都被处死。

最后，汉武帝难逃后悔之情，就派人在湖县修建了一座宫殿，叫作"思子宫"，又造了一座高台，叫作"归来望思之台"，借以寄托他对太子刘据和那两个孙子的思念。

七、轮台之诏

汉武帝北伐匈奴，西通西域，南平闽越南越，于西南夷地区置郡，这都是开边兴利，对中华民族的历史具有巨大意义的大事，也是他对我国千秋万代作出的贡献，所以班固称汉武帝为有"雄才大略"的皇帝。

但是，在封建社会，大凡有作为的皇帝，一般又都急功近利，好大喜功。在他们为民族作出杰出贡献的同时，又常常

伴随着对百姓的极大骚扰,造成人力、物力、财力方面的巨大浪费。汉武帝便是这样一位皇帝。历史对他是有鲜明的是与非、功与过的评价的。比如《史记》说他即位之初,本来"人给家足",府藏皆满,但经过汉武帝对外连续进行三十二年的战争后,变成为"海内虚耗"。到汉武帝元封四年(前107年),更是险象环生,关东流民达到二百万口,无名数者尚有四十万。社会矛盾因之日益严重,终于酿成了天汉年间(前100年—前97年)的农民起义,这时"天下骚动",起义遍及关东地区,大者数千人,小群数百人,攻城邑，掠乡里。另一方面，由于汉武帝政治上处理不当，也造成了统治阶级内部矛盾的尖锐化，卫太子的巫蛊案件便是这种矛盾激化的表现。卫太子是汉武帝的卫皇后生的儿子，大将卫青的外甥，于汉武帝元狩元年（前122年）被立为太子，因为政见不合（卫太子公然反对汉武帝"征伐四夷"的政策），于征和二年（前91年）

终于和汉武帝之间的矛盾激化，于是出现了巫蛊之狱。有人告发太子用巫蛊（一种迷信方式）诅咒汉武帝，因而被汉武帝废黜。这一案件涉及了许多统治阶级的上层人物，包括卫皇后和他的家族、武帝宠爱的李夫人及其家族以及丞相公孙贺一家，"大臣无罪夷灭者数十家"。这一案件到第二年被认为是冤狱，卫太子得到了昭雪。但是对于汉武帝来说，内心得到的震动是相当大的，此后也深感有必要重新认识一下过去几十年的政策。

一个是社会阶级矛盾的深化，一个是统治阶级内部斗争的尖锐化，这两点使汉武帝发出了"轮台之诏"。轮台诏是一份悔过的诏书，这是中国古代帝王罪己以收民心的一次比较成功的尝试，也说明汉武帝毕竟还是一位有见识的政治家，在自己统治的最后关头，终于看到自己过去政策的失误，向人民表示忏悔，这在古代封建帝王中是不多见的。

轮台之诏下于汉武帝征和四年（前89年），在此之前，汉武帝在自己多次讲话和诏令中逐渐检讨自己的过错。比如在这一年的三月，有一天他走到三洞的广饶县，看到农民在辛勤地劳动，不禁想起对不住百姓的地方，一边亲自拿着农具，到田里参加劳动，一边说："朕即位以来，所为狂悖，使天下愁苦，不可追悔。自今，事有伤害百姓，靡费天下者，悉罢之！"不久，大臣田千秋请求汉武帝斥退方士，不要再搞求神仙的事，汉武帝也十分同意，说："向时愚惑，为方士所欺，天下岂有仙人？尽妖妄

耳!"他后悔自己过去劳民伤财的行为,但已无法挽回了。到这年六月,当搜粟都尉(管理粮食的官)桑弘羊又请求汉武帝派人到轮台修筑堡垒、驻扎军队时,汉武帝便下诏说:此前曾有人请求按人口增加三十钱作为边用,这实际上是加重老弱孤独者的困苦,是"扰劳天下"的行为,"朕不忍闻"。今后的政策应当"务再禁苛薄,止擅赋,力本农,修马复令"。这就是所谓的"轮台悔过"的诏书。这是汉武帝一生政策的一个重大的转折,此后他表示要在着重"思富养民"方面多下功夫。他任命田千秋做宰相,并特封"富民侯",还任命农业家赵过为搜粟都尉,让他在全国范围内推广先进的"代田法",加强对农业生产的领导。以后赵过又改进很多"田器"(农业生产的工具),由中原逐渐推广到边区。经过两年的经济恢复和减少赋税措施的

实行, 西汉社会又趋向安定了。

但是, 汉武帝已经筋疲力尽, 终于在后元二年 (前87年) 一病不起。在临死前, 他把小儿子刘弗陵托付给大司马大将军霍光, 并对霍光说: "我要请你做周公, 让小儿子刘弗陵做成王。" 汉武帝死后, 葬在长安西北的茂陵, 在他的陵墓东北有霍去病和卫青的墓, 东南有霍光墓。这位杰出皇帝就这样终结了自己的一生。

八、历史评价

汉武帝是第一个奠定中国辽阔疆域的皇帝。千古一帝秦始皇统一六国，建立了秦王朝，但是，秦帝国的版图不过是汉武帝时代版图的二分之一。汉武帝对匈奴用兵四十四年，如此大事武功，在中国历代帝王中，前无古人，后无来者。

建元元年（前140年），武帝执政。其时匈奴气焰嚣张，西域神秘莫测。汉武帝绝不能忍受乃父乃祖的"和亲外交"，忍气吞声，换取短暂和平。他有足够的财力和人力，持久的雄心和野心，去征服、去开拓。汉武帝即位第二年，即建元二年（前139年），派遣张骞出使大月氏，希望借此形成反击匈奴的战略联盟，压缩匈奴的生存空间，实现对匈奴的战略包围。年仅18岁的帝王竟有如此眼光，历朝历皇，谁可比拟？张骞出使西域，开辟了千古丝绸之路，促进了东西方经济与文化的交流；中原汉族政权力量延伸到了今天新

疆以西。

即位第八年，即元光二年（前133年），汉武帝第一次运筹帷幄征战匈奴，马邑之战失利。但是，短暂的失利，丝毫不能影响24岁天子的征战豪情，反而促使汉武帝破釜沉舟，毅然抛弃汉王朝施行近七十年的和亲国策，全力出击匈奴！变和平体制为战争体制，弃祖宗制度启现实制度。其间的勇气和魄力，令人赞叹！

汉武帝曾在一篇求贤《诏》中说："盖有非常之功，必待非常之人。"这篇踌躇满志、殷情恳切的求贤《诏》，收录在萧统《文选》中，千百年来，英雄传诵，志士吟咏。当年汉武帝以此"广延天下人才"，今日反观汉武帝一生功过，此语更是恰如其分。汉武帝之所以立下非常之功，皆因他就是非常之人。

《史记·卫将军骠骑列传》记载汉武帝曾打算亲自教霍去病兵法（天子尝欲教之《孙吴兵法》），霍去病虽未学，但可见汉武帝深通兵法，这是他成为卓越的战略军事家的基础。

论及汉武帝一朝的军事战役，人们往往言必称卫青、霍去病、李广，没有人注意到璀璨四射的将星、帅才背后，远在庙堂之上，那位足以与西方亚历山大、凯撒、拿破仑相匹敌的最高统帅——汉武帝。

当年，汉武帝决意改变祖制、对匈奴开战，韩安国、汲黯等前朝老臣，公孙弘、主父偃等当朝新

锐，纷纷高唱反调。群臣应者寥寥，首战无功而返，年轻的总指挥却岿然不动。此后，河南之战、漠南之战、漠北之战，对匈奴作战的三大重要战役，都由汉武帝亲自决策部署，选将调兵。至于具体的用兵时间、出兵地点、兵力部署、攻击方向，汉武帝都事无巨细，总揽无遗。

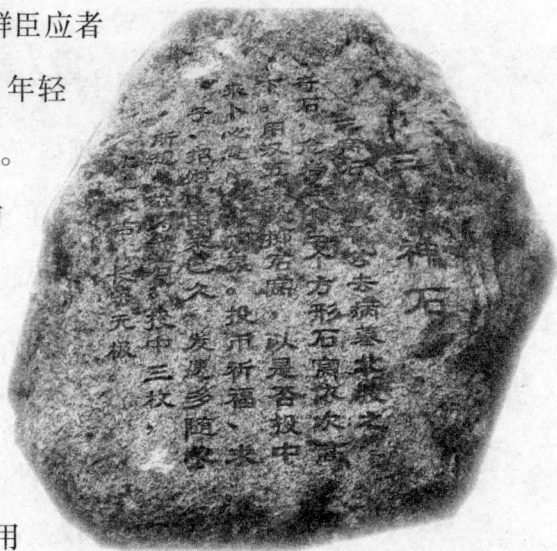

　　与此同时，汉武帝又剑指东方、南方、东南方、东北方，使汉朝的势力到达今天西方的中亚，西南的云贵川，东北的黑吉辽，南方的海南与福建，勾勒出了现代中国版图的基本框架。

　　但四十四年旷日持久的征战杀伐，毕竟劳民伤财。对于汉武帝的军事外交战略,司马迁也非常矛盾。《史记·匈奴列传》是中国历史上第一篇少数民族史,司马迁给匈奴立传,把匈奴看作炎黄子孙之一,表达了他对这场战争的性质定位:这是中华民族内部的一场悲剧,战争使双方付出了极高的代价。虽然当时的汉帝国还无法形成统一的多民族背景,两个民族最好的办法也应该是和平相处。可惜,到了汉武帝时代,和亲政策已走入绝路。不得已而对匈奴用兵,司马迁对此

是理解的；而战线越拉越长，汉武帝偶有任人失当，司马迁也是痛心疾首。

　　为了宠幸李夫人，汉武帝任命李广利为将军，率领数万人出征，讨伐大宛，不过艳羡其汗血宝马。结果，打了两年，军队损失五分之四。如此轻率，可谓草菅人命！

　　时间是抚平创痛的良药。和平年代，人心思定，我们早已无法体察战争带来的切肤之痛，所以，今人的评价理智多于

感情。而两千多年前，司马迁与天下百姓一道，亲历家园变废墟，一代史家的良心，使司马迁不可能面对战争之害无动于衷，必然会对汉武帝连年征战，导致民生凋敝有所批评。

同时，汉武帝也是第一个用儒家学说统一中国思想文化的皇帝。

一统江山容易，聚拢人心困难。秦皇汉武深解其中三昧。秦始皇"焚书坑儒"，汉武帝则"罢黜百家，独尊儒术"。

窦太后去世前，汉武帝就暗度陈仓，设立五经博士，为尊儒打基础。即位之初，汉武帝迫不及待，举国推选贤良方正直言敢谏。

一位寂寞书生董仲舒，凭《天人三策》，石破天惊，脱颖而出。从此，本为民间一家的儒学被指定为官方思想，与政治、皇权紧密相连。据此，汉武帝创建太学、乡学，设立举贤制度，形成了中国独特的文官制度。秦代至汉初，选拔人才用的是军功爵制；到了汉武帝时代，逐渐转变为察举征辟制，从根本上解决了大汉人才匮乏的局面。

文景崇黄老，宽厚无为，垂拱而治；汉武帝则一反祖宗定法，尊儒术以约束官吏，效法家而严惩贪官，王道霸道，交错为用。而其中尊儒兴教，首立太学，尤予后世以至深影响。倘非此

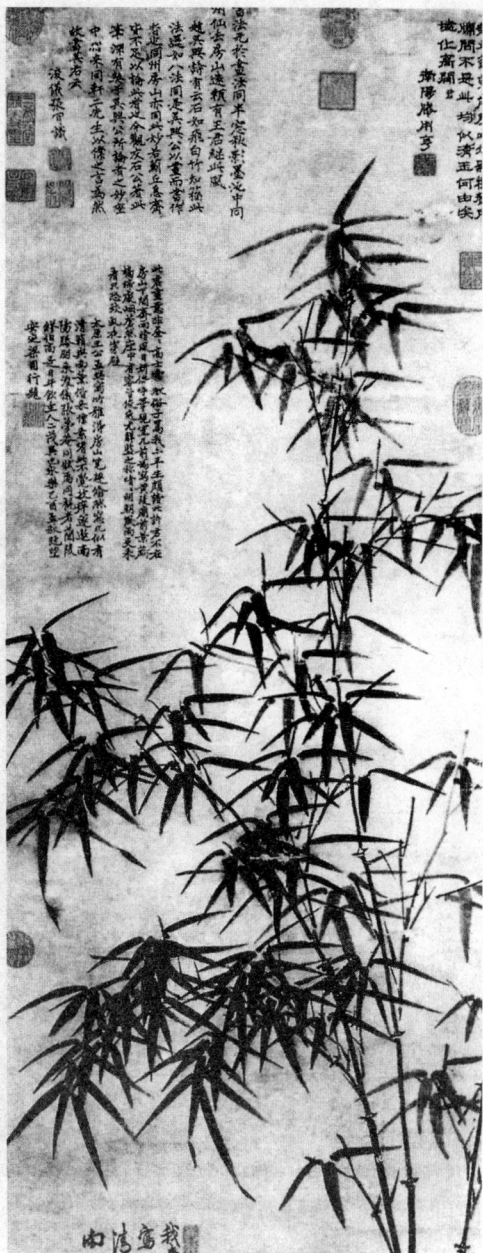

举，儒家学说何以成"教"？倘非此举，华夏文明何以存续？倘非此举，学而优则仕何以体现？

儒家对中国政治：以人为本，民为重，君为轻，社稷次之。水可载舟，亦可覆舟。"独尊儒术"让人们都懂得礼义教化、精忠报国等一个臣子应该做的事。儒

家对人才素质：穷则独善其身，达则兼济天下。儒家把"道德"作为衡量一个人品质的标准，将"从政"作为实现人生价值的一种途径。汉武帝时代，对应内在的儒家统治思想，就是中央集权体制。秦始皇首创了中央集权的政治体制；但是，秦朝短命，未能设计一整套执政方针。西汉王朝，到了汉武帝，彻底肃清了诸侯王分裂势力，巩固了中央政权。

对此，司马迁击节称道。《淮南衡山列传》中，太史公曰："淮南衡山，亲为骨肉，疆土千里，列为诸侯。不务遵蕃臣职以承辅天子，而专挟邪僻之计谋为畔逆，仍父子再亡国，各不终其身，为天下笑。"

秦朝实行郡县制，不王不藩，是真正

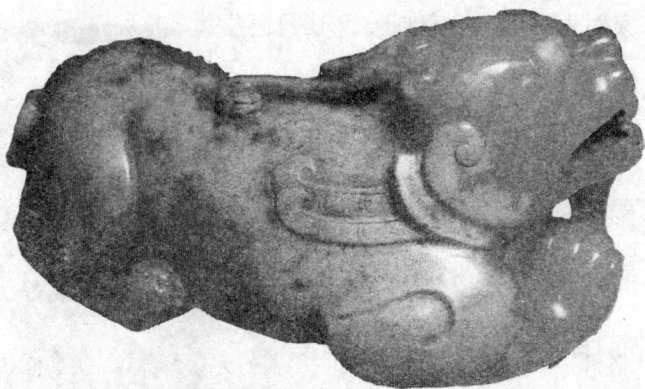

社会政治学意义上的封建体制。刘邦建汉,首封异姓诸王,后封同姓诸王。从政治体制的发展着眼,无疑是一种社会的倒退。继而,吕后大封诸吕,终酿祸乱。因此,到景帝一朝,乃有吴楚七国之乱。汉武帝上接秦始皇,行郡县以推行国家政令,此后两汉四百年,虽有外戚、党锢之祸,但无藩镇之患。

不仅如此,汉武帝在强化中央集权上多方探索,利用酷吏打击权贵即其大手笔之一。打击不法豪强与贪官污吏,势在必行。但是,酷吏政治走到极端,难免会带来各种后遗症。司马迁对此直言不讳:"其好杀伐行威不爱人如此,天子闻之,以为能,迁为中尉。"汉武帝称赞这样的杀人魔王,提拔他担任中尉,赐予更多的生杀大权。惨遭宫刑、深受酷吏之苦的司马迁,能没有非议吗?

汉武帝是第一个用"罪己诏"进行自我批评的皇帝。

征和四年(前89年),汉武帝向天下人昭告:自己给百姓造成了痛苦,从此不再穷兵黩武、劳民伤财,甚至表白内心悔意。这就是《轮台罪己诏》。这份诏书,是

中国历史上第一份帝王罪己诏。

敢于罪己，置自己过失于天下舆论中心，汉武帝无疑是第一人！至此，后代皇帝犯了大错，也会下"罪己诏"，公开认错，展示明君姿态。直言敢谏的汲黯曾批评汉武帝："皇上杀人太多，即使平日信任的人，也不予宽恕，这样搞下去，天下人才早晚都会被杀光。"汉武帝不为所动，漠然一笑："何世无才，只是人主没有识得人才的慧眼，如果能够辨明人才，何必担心天下无才？"

就是这样一位视人才如草芥的汉武帝，另一方面又极端地爱才、惜才。封建专制体制下，人才使用有两大陋习：一是任人唯亲，只用自己熟悉亲信的人；二是论资排辈，必须按"三十九级台阶"，一级一级往上爬，不能"乱"了规矩。而汉武帝一不会因言废人，只要有才华，如主父偃持不同政见，汉武帝照样求贤若渴；还敢于破格提拔，只要有能力，如卫青为家奴出身，汉武帝竟然破格提拔。

不仅如此，汉武帝甚至摒弃正统，容纳异类，慧眼发现东方朔，将庄严的朝堂变成一个充满温情和快乐的休息室，君臣之间宛如玩伴；同时，他不以狎亵而丧失原则，对东方朔的诤言击节赞叹，言听计从。

他初读《子虚赋》，即大为倾慕。

得见作者司马相如，如获至宝，让他享受与自己同等的写作待遇。能识人、能容人、能用人，汉武帝千古无二。秦始皇、汉高祖视文人为腐儒，唐太宗、清高宗或能知人，终究雅量阙如。

汉武帝备受误解和争议的，就是对中国历史上最伟大的史家——司马迁施以宫刑。司马迁在《史记》中对他褒有贬，班固的《汉书·武帝纪》对他的文治大加赞扬。班固赞曰："孝武初立，卓然罢黜百家，表章六经，遂畴咨海内，举其俊茂，与之立功。兴太学，修郊祀，改正

朔，定历数，协音律，作诗乐，建封禅，礼百神，绍周后，号令文章，焕然可述，后嗣得遵洪业，而有三代之风。如武帝之雄才大略，不改文景之恭俭以济斯民，虽诗书所称，何有加焉。"班固绝口不提汉武帝的武功，表明对汉武帝的武功是有保留的。到了司马光的《资治通鉴》，也是表扬、批评兼而有之："孝武穷奢极欲，繁刑重敛，内侈宫室，外事四夷。信惑神怪，巡游无度。使百姓疲敝起为盗贼，其所以异于秦始皇者无几矣。然秦以之亡，汉以之兴者，孝武能尊先王之道，知所统守，受忠直之言。恶人欺蔽，好贤不倦，诛赏严明。晚而改过，顾托得人。此其所以有亡秦之失而免亡秦之祸乎？"